BEI GRIN MACHT SICH IHR WISSEN BEZAHLT

- Wir veröffentlichen Ihre Hausarbeit,
  Bachelor- und Masterarbeit

- Ihr eigenes eBook und Buch -
  weltweit in allen wichtigen Shops

- Verdienen Sie an jedem Verkauf

Jetzt bei www.GRIN.com hochladen
und kostenlos publizieren

Steffen Schütze

Johannes Lepsius und der Völkermord an den Armeniern

GRIN Verlag

Bibliografische Information der Deutschen Nationalbibliothek:

Die Deutsche Bibliothek verzeichnet diese Publikation in der Deutschen National-
bibliografie; detaillierte bibliografische Daten sind im Internet über http://dnb.d-
nb.de/ abrufbar.

Impressum:

Copyright © 2011 GRIN Verlag GmbH
Druck und Bindung: Books on Demand GmbH, Norderstedt Germany
ISBN: 978-3-656-52473-1

GRIN - Your knowledge has value

Der GRIN Verlag publiziert seit 1998 wissenschaftliche Arbeiten von Studenten, Hochschullehrern und anderen Akademikern als eBook und gedrucktes Buch. Die Verlagswebsite www.grin.com ist die ideale Plattform zur Veröffentlichung von Hausarbeiten, Abschlussarbeiten, wissenschaftlichen Aufsätzen, Dissertationen und Fachbüchern.

Besuchen Sie uns im Internet:

http://www.grin.com/

http://www.facebook.com/grincom

http://www.twitter.com/grin_com

Georg-August-Universität Göttingen

Johannes Lepsius und der Völkermord an den Armeniern

Schriftliche Ausarbeitung des Referats

Seminar: Christen in der islamischen Welt
Theologische Fakultät
Wintersemester 2011/12

von: **Steffen Schütze**

Ev. Religion im Zwei-Fächer-Bachelor
Profil Lehramt

Abgabe: 16.12.2011

Johannes Lepsius und der Völkermord an den Armeniern

Johannes Lepsius galt als ein Musterbeispiel der (deutschen) Selbstlosigkeit und als eine der Hauptpersonen, wenn nicht sogar *die* Hauptperson der deutsch-armenischen Beziehungen (zu seiner Zeit). Er veröffentlichte die damals mächtigsten Beweise zum Völkermord, der am Anfang des 20. Jahrhunderts durch die Türken an den Armeniern unter dem Decknamen „militärisch notwendiger Deportationen" verübt wurde. In diesem Aufsatz soll kurz sein Lebenswerk, das Hilfswerk für die Armenier, und dessen Entwicklung nachgezeichnet werden.

Leben und Wirken bis zum Kriegsbeginn

Johannes Lepsius wurde am 15. Dezember 1858 in Berlin als sechstes und jüngstes Kind einer einflussreichen, intellektuellen Familie geboren, in der sich häufig wichtige Vertreter aus Politik, Kultur und Kirche trafen. Mit 19 Jahren nahm er ein Studium der Theologie auf, unterbrach es jedoch für 3 Jahre, um sich der Philosophie zu widmen.[1] 1884 wurde er Hilfsprediger und Lehrer in Jerusalem, was ihn mit besonderen Problemen in der örtlichen Bevölkerung konfrontierte, da er viel mit Waisenhäusern arbeitete. Insbesondere in einem Waisenhaus, das infolge von Massakern an Christen in der Mitte des 19. Jahrhunderts entstanden war, setzte er sich zum ersten Mal mit diesem Thema auseinander.[2]

Nachdem er mit seiner neuen Frau nach Deutschland zurückgekehrt war und 1887 Pfarrer in Friesdorf im Harz wurde, zeigten sich bereits erste Missionsabsichten, die mit der Gründung eines Gebetsbundes (1895) verstärkt wurden. Dieser Bund, der als Anfangspunkt der Deutschen Orient-Mission (DOM) gilt, die dann Ostern 1896 gegründet wurde, sollte für die Mission in der muslimischen Welt einstehen. Jedoch wurde das Vorhaben von gewalttätigen Auseinandersetzungen und der ersten großen Verfolgung der armenischen Bevölkerung durch die Türken überschattet.[3]

Die Presse im Deutschen Reich tat die Ereignisse allerdings als „englische Lügen" ab und sie gelangten kaum an die Öffentlichkeit.[4]

Doch Lepsius erkannte die Hilfsbedürftigkeit der Menschen: „Das Programm der DOM in dem

---

[1] Vgl. Baumann, 2007, 10.
[2] Vgl. http://de.wikipedia.org/wiki/Johannes_Lepsius, abg. 02.12.11.
[3] Vgl. Baumann, 2007, 11.
[4] Vgl. Goltz, 2002, 4.

zunächst nur an Mohammedaner-Mission gedacht war, wurde durch die Logik der Tatsachen auf eine andere Aufgabe abgelenkt: Das Hilfswerk für die Witwen und Waisen der sinnlos hingeschlachteten Armenier und Syrer."[5] 1896 reiste er deshalb in die Massakergebiete im Osmanischen Reich und gründete nach seiner Rückkehr zusammen mit Ernst Lohmann den 'Deutschen Hilfsbund für Armenien'. Er hielt es von nun an für seine Aufgabe, über die Geschehnisse in der Türkei zu berichten und Hilfe für die armenische Bevölkerung zu organisieren.

Die Waisenhausarbeit in Talas beim kappadokischen Kayseri (Caesarea) und im mesopotamischen Urfa (dem alten Edessa) , die große moralische und finanzielle Unterstützung aus Deutschland (insbesondere durch die Kirchen) erfuhr, war die erste Unternehmung dieses Projekts. Sein Engagement und seine Berichte über die Gräueltaten machten Lepsius bereits weit über Deutschlands Grenzen hinaus bekannt.[6]

So wurden bis 1899 sieben Hilfsstationen in Persien, Bulgarien und der Türkei eröffnet, außerdem grundlegend notwendige Einrichtungen, wie Kliniken, Schulen, Apotheken und Werkstätten. Ziel war es, den mittlerweile älter gewordenen Waisen die Möglichkeit zu geben, eine selbstständige Existenz zu gründen.[7] Dort bekamen nicht nur Überlebende des armenischen Volkes Hilfe, sondern auch viele christliche Syrer und manchmal (in den Krankenhäusern) sogar Mittäter und Mitschuldige der Massaker. Wegen des hohen Arbeits- und Zeitaufwands, der von ihm nun beansprucht wurde, musste Lepsius allerdings sein Pfarramt in Friesdorf niederlegen, um sich ganz der Sache Armenier widmen zu können. Er war „nicht nur als Hauptorganisator, sondern theologisch und schriftstellerisch als geistiger Motor für alle am Hilfswerk Beteiligten"[8] tätig.

In den folgenden Jahren, etwa 1900 bis 1912, verschob sich sein Arbeitsbereich wieder mehr zur Mission und zur Theologie. Mit großer Entschlossenheit warb er für die Orient-Mission, die für ihn vornehmlich auf Muslime abzielte und sich von der Heiden-Mission unterscheiden müsse. Zu diesem Zweck gründete er in Berlin, zusammen mit der DOM, einige Seminare, in denen die zukünftige Missionare speziell ausgebildet wurden. Dort standen die notwendigen Sprachen, die Theologie, das Recht und die Literaturen des Islam im Mittelpunkt. In Bulgarien und Russland erzielte man sogar einige Erfolge die aber nicht von großer Dauer und Wirkung waren.[9]

Bis 1914 schien Lepsius' Lebenswerk den Höhepunkt zu erreichen. Nach dem Regierungswechsel durch die Jungtürkische Revolution (1909) ergaben sich neue Chancen auf eine staatliche Unabhängigkeit der armenischen Bevölkerung vom Osmanischen Reich. Dies weckte große Hoffnungen auf eine armenierfreundlichere Haltung und auf eine Öffnung der Türkei die für

---

[5]   Baumann, 2007, 10f.
[6]   Vgl. Baumann, 2007, 12 sowie Goltz, 2002, 4.
[7]   Vgl. Baumann, 2007, 13.
[8]   Goltz, 2002, 5.
[9]   Vgl. Baumann, 2007, 13-16.

Missionsarbeit. Zwischen 1912 und 1914 tat Lepsius sein Bestes, als Diplomat zwischen Russland, Deutschland, der Türkei und England zu vermitteln, die alle unterschiedliche Pläne und Ziele in der Sache der Armenier hatten.[10] Bereits zu dieser Zeit äußerte er aber auch Bedenken darüber, „dass in der Türkei bezüglich der Armenier der Ruf laut wurde „In die Steppe!" und er fragte sich besorgt, „ob auch dieser Ruf sich verwirklichen wird. Ist keine Versöhnung im Rassenkampf möglich und muß wirklich die Einheit der Zivilisation durch die Hinopferung ganzer Völker erkauft werden?"[11].

Der Verlauf der Verhandlungen gipfelte im Frühjahr 1914 in der Unterzeichnung des Vertrags über die „Armenischen Reformen", denen sich alle Großmächte, sogar die Türkei, anschlossen. Darin sehen sie die Unabhängigkeit der armenischen Gebiete vom Osmanischen Reich vor. Außerdem gründete Lepsius, gemeinsam mit einigen anderen, zu dieser Zeit auch die Deutsch-Armenische Gesellschaft (DAG), die sich die Förderung des wechselseitigen Verständnisses und der kulturell-wirtschaftlichen Beziehungen zwischen beiden Völkern zum Ziel setzte. Jedoch veränderte der Ausbruch des Ersten Weltkriegs die gesamte Situation radikal und machte die Hoffnungen auf eine Autonomie der Armenier zunichte.[12]

Der Völkermord und die Zeit des Ersten Weltkriegs

Die Missionsarbeit gelang infolgedessen nur noch schlecht. Vor allem der Transfer der finanziellen Mittel erwies sich auf Grund der politischen Lage als äußerst problematisch. Mit dem Kriegseintritt der Türkei an der Seite von Deutschland begannen zwar die letzten Jahre des Osmanischen Reiches, jedoch bekamen die nationalistischen Diktatoren aus dem jungtürkischen Lager, vor allem Kriegsminister Enver Pascha und Innenminister Talat Pascha, nun auch die Gelegenheit, ihre sorgfältig geplanten Deportationen der armenischen Bevölkerung ‚ins Nichts' durchführen zu lassen. Nachdem die Türken einige schwere militärische Niederlagen erlitten hatten, machten sie die armenischen Christen zum Sündenbock und warfen ihnen Hochverrat und Unterstützung ihrer Feinde vor (Russland).[13] Dies nahmen sie zum Anlass, „alle nicht ganz einwandfreien Familien" auszusiedeln und „in Mesopotamien anzusiedeln", auch um „Massenerhebungen" zu verhindern, wie sie es euphemistisch ausdrückten.

Lepsius war die Tragweite dieser Verordnung sofort bewusst:

> „Um ‚Massenerhebungen vorzubeugen' verschickt man nicht ‚Familien', die ‚nicht ganz einwandfrei' sind, sondern ‚Massen'. Massendeportationen sind Massenmassakers. Daß weiß jeder, der die inneren Zustände der Türkei und die Bedingungen, unter denen solche Verschickungen stattfinden, kennt. "[14]

---

[10]   Vgl. Baumann, 2005, 74f. sowie Baumann, 2007, 16f. sowie Goltz, 2002, 7.
[11]   Baumann, 2005, 76.
[12]   Vgl. Baumann, 2005, 74f. sowie Baumann, 2007, 16f. sowie Goltz, 2002, 7.
[13]   Vgl. http://de.wikipedia.org/wiki/Jungt%C3%BCrken, abg. 13.12.11, sowie Goltz, 2002, 7.
[14]   Baumann, 2005, 76.

Wie er es voraussah, kam es in den folgenden Monaten (bis 1916) zu Massakern und Todesmärschen der grausamsten Art.[15] Riesige Flüchtlingsströme aus den von Armeniern besiedelten Gebieten Ostanatoliens versuchten, aus der Gefahrenzone zu gelangen. Deshalb reiste Lepsius unverzüglich nach Istanbul zu einer persönlichen Unterredung mit Kriegsminister Enver Pascha, um seinen mittlerweile großen Einfluss geltend zu machen und um weitere Übergriffe zu verhindern. Jedoch ohne Erfolg:

„Nach der Unterredung mit Enver Pascha mußte ich den Gedanken aufgeben, auf eine Änderung des Schicksals der Armenier irgend einen direkten Einfluß gewinnen zu können" [16]

Dennoch blieb er im Folgenden nicht untätig. Er sammelte Nachrichten, Dokumente, Aufzeichnungen und allerlei Material über die Geschehnisse, „um ein vollständiges Bild von der systematischen Vernichtung des armenischen Volkes zu gewinnen"[17].Die humanitäre Hilfe wurde stetig fortgesetzt und er versuchte, die deutsche Regierung zu bewegen, den Druck auf die Türkei zu erhöhen. Diese wiederum wollte das wichtige Waffenbündnis mit den Türken nicht gefährden und schwieg großteils über derartige Angelegenheiten. Wenngleich auch deutsche Soldaten im Osmanischen Reich stationiert waren, von denen einige sogar bei der Bekämpfung von armenischen Widerständen mitwirkten (beispielsweise in Urfa), wurden Lepsius' Mahnungen weitgehend ignoriert.[18] Auch ein Vortrag, den er im Reichstag im Oktober 1915 hielt und der nicht für die Öffentlichkeit bestimmt war, konnte die Politik nicht umstimmen. Er „klagt[e] die deutsche Regierung an, sich in einer Situation, in welcher England längst als "Herr der Türkei" agieren würde, zum "Sklaven der Pforte" gemacht zu haben, die nun mit den Armeniern ganz nach ihrem Willen umspringt."[19]

So fasste er 1916 seine gesammelten Informationen in dem berühmten Bericht „Die Lage des armenischen Volkes in der Türkei" zusammen. Darin wies er der türkischen Regierung die Schuld an der Armenierverfolgung zu. Obwohl die deutsche Militärzensur beschloss, nicht zuletzt auf Grund des Drängens der türkischen Botschaft, den Bericht beschlagnahmen zu lassen, wurden 20.000 Exemplare an bedeutende Vertreter von Kirche und Politik (u.a. Reichskanzler von Bethmann Hollweg) verschickt. Trotzdem blieb der Völkermord der deutschen Öffentlichkeit, auch noch über Jahre hinweg, weitestgehend unbekannt.[20]

---

[15] Heute wird von 1,5 Millionen Opfern des Genozids gesprochen.
[16] Baumann, 2005. 77.
[17] Baumann, 2005, 77.
[18] Vgl. Goltz, 2004, 7f sowie http://de.wikipedia.org/wiki/Johannes_Lepsius, abg. 14.12.11.
[19] Goltz, 1983, 6.
[20] Vgl. Baumann, 2005, 77f. sowie Baumann, 2007, 17.

Lepsius reiste daraufhin nach Holland, weil er meinte, von dort aus, auf Grund der toleranteren Zensur, besser für die armenischen Belange arbeiten zu können. In Deutschland wollte man ihn nicht nur wegen des Berichtes, sondern auch wegen weiterer, über den Völkermord aufklärender Schriften, mundtot und bewegungsunfähig machen, um die politischen Beziehungen zur Türkei nicht zu gefährden. Deshalb sollte „die armenische Frage bis zum Ende des Krieges mit vollkommenem Schweigen"[21] behandelt werden, wie es das Kuratorium der DOM in einem Schreiben an Lepsius formulierte. Die Oberzensurstelle des deutschen Kriegspresseamtes verordnetete dies ebenfalls.

Doch sein Gewissen verbot ihm, sich einem „freiwilligen Schweigegelöbnis zu unterziehen"[22], wie es die kirchlichen Instanzen und Missionsführer taten. Er berichtete weiter und sammelte Gelder für die Hilfsarbeit. Infolgedessen distanzierte sich die DOM von Lepsius, woraus er ebenfalls deutliche Konsequenzen zog und aus der Mission austrat, die er selbst mit gegründet hatte.

„Eine Orient-Mission, die an dem Sterben eines Christenvolkes, an dem sie 20 Jahre gearbeitet hat, schweigend vorübergehen will und angesichts des Hungerleidens von Hunderttausenden unschuldiger Frauen und Kinder irgend etwas anderes als ihre Rettung sich zur Hauptaufgabe sucht, ist nicht mehr die Mission, die ich gegründet habe."[23]

„Eine ermutigende Rückendeckung bedeutete für Lepsius schließlich, dass ihm die Berliner Theologische Fakultät […] 1917 die Ehrendoktorwürde verlieh – und das ausdrücklich für seinen Einsatz für die orientalischen Christen ."[24] Er nahm nun ein neues Werk in Angriff und gründete das „Armenische Hilfswerk von D. Dr. Johannes Lepsius", von wo aus er gleich nach Kriegsende wieder über die Vorgänge in Armenien berichtete.

Nach dem Krieg

Ab 1918/19 wurde er von der deutschen Regierung nicht mehr gemieden, sondern wieder mitten ins politisch-geistige Zentrum gerückt. Das Auswärtige Amt, mit dem er doch vorher so scharf in Konflikt geraten war, beauftragte ihn, ein Quellen- und Informationswerk über die Haltung Deutschlands in der Sache der Armenier zu veröffentlichen. Die sogenannten Lepsius-Dokumente „Deutschland und Armenien 1914-18: Sammlung diplomatischer Aktenstücke" wurden zu einem der wichtigsten Schriftstücke zum Völkermord (und sind es noch bis heute). Während darin allein das jungtürkische Regime für die Deportationen verantwortlich gemacht wird, bei denen es sich nicht um eine militärische Notwendigkeit handle, sondern um eine „administrative Maßregel" zur Vernichtung des armenischen Volkes, wird die deutsche Außenpolitik von jeder Mitschuld

---

[21]   Baumann, 2005, 81.
[22]   Baumann, 2005, 81.
[23]   Baumann, 2005, 82.
[24]   Baumann, 2005, 81.

freigesprochen. Dies erregte den Vorwurf der Dokumentenfälschung zugunsten Deutschlands. Nachweislich hatte Lepsius, der als großer Patriot bekannt war, Änderungen vorgenommen und gezielt Dokumente manipuliert.[25] Doch sein Ziel war es auch, die Faktizität des Genozids in den Vordergrund zu stellen, was ihm in bemerkenswerter Weise gelang. „So ist Lepsius bei weitem nicht als reiner Apologet der kaiserlich-deutschen Diplomatie und Politik zu verstehen, über deren schwere moralische Schuld er öffentlich den Stab gebrochen hat. Er versucht vielmehr erneut, seinen armenischen Freunden zu helfen, die gerade auf Hilfe von Seiten der Entente-Mächte hoffen ."[26]

Obwohl sein Hilfswerk im Orient durch den Krieg und die Ermordung bzw. Ausweisung der Mitarbeiter und Mitarbeiterinnen nahezu völlig zerstört wird, blieb Lepsius auch nach dem Krieg *die* deutsche Autorität, wenn es um die Sache der Armenier ging. So wurde er 1921 in dem Berliner Prozess gegen den armenischen Attentäter Salomon Teilirian als Sachverständiger hinzugezogen. Dieser hatte im März desselben Jahres Talat Pascha, den ehemaligen Innenminister des Osmanischen Reichs und Mitorganisator des armenischen Völkermords, auf offener Straße erschossen.(Pascha war nach Deutschland geflohen, nachdem er in Konstantinopel zum Tode verurteilt worden war.) Der Prozess endete mit einem spektakulären Freispruch, offiziell „wegen Unzurechnungsfähigkeit", bei dem Lepsius' Gutachten eine nicht unwichtige Rolle spielte. Auf diese Weise korrigierte Deutschland seine Stellung zur Armenierpolitik. Der Ermordete wurde in der Frage des Völkermordes für schuldig befunden.[27]

In seinen letzten Lebensjahren bemühte er sich, trotz schlechter Gesundheit, seine Arbeit wieder mehr zur Mission zu verlagern. Er starb 1926 in Veran (Tirol).

Johannes Lepsius trug wesentlich dazu bei, den ersten Genozid des 20. Jahrhunderts ins Bewusstsein der (deutschen) Öffentlichkeit zu rücken. Vor allem sein Hilfswerk und seine Hilfsarbeit waren von Bedeutung, weniger seine Missionsarbeit. Jedoch zeigte er natürlich auch einige negative Seiten: So wurde ihm, vor allem von jüdischer Seite, eine antisemitische und antidemokratische Haltung vorgeworfen, beispielsweise auf Grund von Äußerungen wie "Das jüdische Volk hat ja Mittelalter und Neuzeit als Parasit der Germanen überdauert". Angesichts seines ausgeprägten Patriotismus scheint dieser Vorwurf nicht völlig bodenlos zu sein. Außerdem wurde häufig seine Integrität in Zweifel gezogen, da er einerseits während seines Holland-Aufenthaltes Spionage für das Deutsche Reich betrieben und nachweislich gezielt Dokumente manipuliert hatte.[28]

---

[25] Vgl. Baumann, 2005, 87ff. sowie Goltz, 1983, 8f.

[26] Goltz, 1983, 9.

[27] Vgl. Goltz, 2002, 9 sowie Goltz, 1983, 9 sowie Baumann, 2005, 89f.

[28] Vgl. Baumann, 2005, 80 sowie http://www.hagalil.com/archiv/2008/09/lepsius.htm, abg. 14.12.11.

Nichtsdestotrotz ist er bei den Armeniern für sein einzigartiges, aufopferndes Engagement bekannt. „So zielt der Hauptzweck des geistigen und praktischen Lebenswerkes Lepsius' angesichts des bis in die Gegenwart andauernden Verdrängens und Vergessens des Völkermords an den Armeniern heute noch in die Zukunft: hin zu einer gewaltlosen Begegnung der Völker und Religionen, in welcher die notwendige Auseinandersetzung nicht mehr zur Ausrottung führt, sondern vielmehr auf geistigem Felde mit der friedlichen Waffe des geschliffenen Wortes geführt wird, der einzigen Waffe, die Lepsius in dieser Auseinandersetzung führen wollte und auch meisterlich geführt hat. "[29] Sein Hilfswerk rettete Tausenden Menschen das Leben und seine Sammlungen von Berichten gehören bis heute zu den wichtigsten Quellen des Völkermordes.

Literatur

Baumann, Andreas: Johannes Lepsius. Die Wiedergeburt des Orients: Texte zur Mission, Nürnberg 2007.

Baumann, Andreas: Johannes Lepsius' Missiologie, Pretoria (Südafrika) 2005.
(Dissertation an der Universität von Südafrika)

Goltz, Hermann: Leben und Wirken von Dr. Johannes Lepsius, in: Dr. Johannes Lepsius. Der Potsdamer Helfer und Anwalt des armenischen Volkes. Ein Zeuge für Wahrheit und Versöhnung. Der Wiederaufbau des Lepsius-Hauses Potsdam und die Neugründung der Deutsch-Armenischen Akademie, hrsg. vom Förderverein Lepsiushaus Potsdam e.V. in Verbindung mit der Stiftung Preußische Schlösser und Gärten Berlin-Brandenburg, Potsdam 2000. (2. Aufl. 2002)

Goltz, Hermann: Zwischen Deutschland und Armenien. Zum 125. Geburtstag des evangelischen Theologen Dr. Johannes Lepsius, in: Theologische Literaturzeitung 108, Jahrgang Nr. 12, 1983.

---

[29] Goltz, 2002, 11.

Handout: Johannes Lepsius und der Völkermord an den Armeniern

1858 Geburt

Einflussreiche intellektuelle Familie, in der sich häufig wichtige Vertreter aus Politik, Kultur und Kirche trafen

1878-1884 Studium der Theologie und Philosophie

1884 Hilfsprediger und Lehrer in Jerusalem

Da er viel mit Waisenhäusern arbeitete, wurde er dort er mit besonderen Problemen in der örtlichen Bevölkerung konfrontiert. Insbesondere in einem Waisenhaus, das infolge von Massakern an Christen in der Mitte des 19. Jahrhunderts entstanden war, setzte er sich zum ersten Mal intensiv mit derartigen Themen auseinander.

1887 Rückkehr nach Deutschland; Pfarrer in Friesdorf (Harz); erste Missionsabsichten

1895 Gründung eines Gebetsbundes, aus dem später die Deutsche Orient Mission (DOM) hervorging; gleichzeitig: erste große Verfolgung der Armenier durch die Türken

Lepsius sah sich in den Ereignissen veranlasst, die Orient-Mission mehr auf die Hilfsarbeit zu verlagern:

„Das Programm der DOM in dem zunächst nur an Mohammedaner Mission gedacht war, wurde durch die Logik der Tatsachen auf eine andere Aufgabe abgelenkt: Das Hilfswerk für die Witwen und Waisen der sinnlos hingeschlachteten Armenier und Syrer."

1896 Reise in die Massakergebiete im Osmanischen Reich mit anschließender Gründung des 'Deutschen Hilfsbundes für Armenien'; Niederlegung des Pfarramtes

Lepsius hielt es von nun an für seine Aufgabe, über die Geschehnisse in der Türkei zu informieren und Hilfe für die Armenier zu organisieren. Er beginnt mit der Waisenhausarbeit in Talas beim kappadokischen Kayseri (Caesarea) und im mesopotamischen Urfa (dem alten Edessa), die große moralische und finanzielle Unterstützung aus Deutschland erfährt Bis 1899 werden sieben Hilfsstationen in Persien, Bulgarien und der Türkei eröffnet, außerdem grundlegend notwendige Einrichtungen, wie Kliniken, Schulen, Apotheken und Werkstätten. Ziel: Möglichkeit der Existenzgründung für Waisen. Doch nicht nur Überlebende des armenischen Volkes bekommen Hilfe, auch viele christliche Syrer, manchmal sogar Mittäter und Mitschuldige der Massaker.

ca. 1899-1910 Verschiebung des Arbeitsbereiches wieder mehr zur Mission und zur Theologie

Große Entschlossenheit in der Werbung für die Orient Mission. Lepsius zufolge müssen sich Muslimen- und Heiden-Mission jedoch unterscheiden. Gründung von Seminaren zur Ausbildung von Islam-Missionaren.

1912-1914 Politische Entwicklungen im Osmanischen Reich (Jungtürkische Revolution)

Lepsius als diplomatischer Vermittler zwischen Armeniern, Russland, Deutschland, Türkei und England

►► Großmächte, einschließlich der Osmanischen Türkei, unterzeichnen 1914 die Pläne für eine Autonomie der armenischen Gebiete („Armenische Reformen")

1914 Beginn des Ersten Weltkriegs; Gründung der Deutsch-Armenischen Gesellschaft

Ziel: Förderung des wechselseitigen Verständnisses zwischen beiden Völkern Missionsarbeit gelingt nur noch schlecht, auf Grund der Kriegssituation.

Der Völkermord

1915 „Umsiedlungen" von Armeniern („um Massenerhebungen zu verhindern"); erfolgloses Gespräch mit Kriegsminister Enver Pascha in Konstantinopel

„Um ‚Massenerhebungen vorzubeugen' verschickt man nicht ‚Familien', die ‚nicht ganz einwandfrei' sind, sondern ‚Massen'. Massendeportationen sind Massenmassakers. Daß weiß jeder, der die inneren Zustände der Türkei und die Bedingungen, unter denen solche Verschickungen stattfinden, kennt."

„Nach der Unterredung mit Enver Pascha mußte ich den Gedanken aufgeben, auf eine Änderung des Schicksals der Armenier irgend einen direkten Einfluß gewinnen zu können"

- Deportationen, Massaker und riesige Flüchtlingsströme in den von Armeniern besiedelten Gebieten Ostanatoliens. (Euphemistisch von der türkischen Regierung als „Umsiedlungen" bezeichnet.)
- Lepsius sammelt viel Material (Nachrichten, Dokumente), „um ein vollständiges Bild von der systematischen Vernichtung des armenischen Volkes zu gewinnen". Er versucht, die deutsche Regierung zu bewegen, den Druck auf die Türkei zu erhöhen. Jedoch steht das wichtige Waffenbündnis zwischen Deutschen und Türken dem gegenüber.

1916 Veröffentlichung des Berichtes über „Die Lage des armenischen Volkes in der Türkei" und weiterer informativer Schriften

Obwohl die deutsche Militärzensur (auch auf Drängen der türkischen Botschaft) beschließt, den Bericht beschlagnahmen zu lassen, werden 20.000 Exemplare an bedeutende Vertreter von Kirche und Politik (u.a. Reichskanzler von Bethmann Hollweg) verschickt. Trotzdem blieb der Völkermord der deutschen Öffentlichkeit (auch über Jahre hinweg) weitestgehend unbekannt.

1916-1917 Aufenthalt in Holland; Konflikte mit der deutschen Zensur; Bruch mit der Deutschen Orient Mission

Lepsius reiste daraufhin nach Holland, weil er von dort aus, auf Grund der toleranteren Zensur, besser für die armenischen Belange arbeiten könne. In Deutschland wollte man ihn mundtot und bewegungsunfähig machen, um die politischen Beziehungen zur Türkei nicht mit weiteren seiner Datensammlungen zu gefährden. Deshalb sollte „die armenische Frage bis zum Ende des Krieges mit vollkommenem Schweigen" behandelt werden, wie es das Kuratorium der DOM in einem Schreiben an Lepsius formulierte. Die Oberzensurstelle des deutschen Kriegspresseamtes verordnetete dies ebenfalls.

Doch sein Gewissen verbot ihm, sich einem „freiwilligen Schweigegelöbnis zu unterziehen", wie es die kirchlichen Instanzen und Missionsführer taten. Infolgedessen distanzierte sich die DOM von Lepsius, woraus er ebenfalls deutliche Konsequenzen zog und aus der Mission, die er selbst maßgeblich gegründet hatte, austrat:

„Eine Orient-Mission, die an dem Sterben eines Christenvolkes, an dem sie 20 Jahre gearbeitet hat, schweigend vorübergehen will und angesichts des Hungerleidens von Hunderttausenden unschuldiger Frauen und Kinder irgend etwas anderes als ihre Rettung sich zur Hauptaufgabe sucht, ist nicht mehr die Mission, die ich gegründet habe."

1917 Verleihung der Ehrendoktorwürde durch die Theologische Fakultät in Berlin

ausdrücklich für den Einsatz für die orientalischen Christen

1918 Herausgabe der sog. Lepsius-Dokumente „Deutschland und Armenien 1914-18: Sammlung diplomatischer Aktenstücke" gemäß dem Auftrag des Auswärtigen Amts

Heute eines der wichtigsten Schriftstücke zum Völkermord, für den allein das jungtürkische Regime verantwortlich gemacht wird. Die deutsche Außenpolitik wird von jeder Mitschuld freigesprochen, jedoch bestand der Vorwurf der Dokumenten-Änderung zugunsten Deutschlands. Nachweislich hatte Lepsius, der als großer Patriot bekannt war, Änderungen vorgenommen.

1921 Vielbeachteter Prozess gegen Salomon Teilirian, der den ehemaligen Führer der Jungtürken, erschossen hatte.

Lepsius wird als Sachverständiger angehört, der Prozess endet mit einem spektakulären Freispruch (offiziell „wegen Unzurechnungsfähigkeit"). Auf diese Weise bezieht Deutschland eine neue Stellung zur Armenierpolitik.

1926 Tod in Veran (Tirol)

Allgemein

– Johannes Lepsius galt als ein Musterbeispiel der (deutschen) Selbstlosigkeit und als eine der Hauptpersonen, wenn nicht sogar *die* Hauptperson der deutsch-armenischen Beziehungen (zu seiner Zeit). Er trug wesentlich dazu bei, den ersten Genozid des 20. Jahrhunderts ins Bewusstsein der Öffentlichkeit zu rücken.

– Vor allem sein Hilfswerk und seine Hilfsarbeit waren von Bedeutung, weniger seine Missionsarbeit.

– Sein Hilfswerk rettete Tausenden Menschen das Leben und seine Informationssammlungen gehören bis heute zu den wichtigsten Quellen des Völkermordes.

– Jedoch zeigte er natürlich auch einige negative Seiten: So wurde ihm (vor allem von jüdischer Seite) eine antisemitische und antidemokratische Haltung vorgeworfen, beispielsweise auf Grund von Äußerungen wie "Das jüdische Volk hat ja Mittelalter und Neuzeit als Parasit der Germanen überdauert". Angesichts seines ausgeprägten Patriotismus scheint dieser Vorwurf nicht völlig bodenlos zu sein.

Außerdem wurde häufig seine Integrität in Zweifel gezogen, da er einerseits während seines Holland-Aufenthaltes Spionage für das Deutsche Reich betrieben und nachweislich gezielt Dokumente manipuliert hatte.